...du 31 Décembre 1917
...Décret du 29 Mars 1918

EUREKA!

BARÈME PRATIQUE DES NOUVELLES TAXES FISCALES

REGISTRES A TENIR

TAXE DE LUXE

60 centimes

BIBLIOTHÈQUE PRATIQUE
65. Faubourg Poissonnière — PARIS
(IXe)

Modèle du Carnet de Recettes n° 1
annexé au Règlement d'Administration publique
du 29 mars 1918.

CAISSE N°	CARNET N°
Folio.	Folio. . . .
Caisse n° Carnet n°	Caisse n° Carnet n°
Payement le	Payement le
Objets vendus :	Objets vendus :
Prix	Prix. . . . .
Taxe perçue. . .	Taxe perçue. . .

Modèle du Carnet n° 2 (Objets rendus ou échangés)
annexé au Règlement d'Administration publique
du 29 mars 1918.

CAISSE N°	CARNET N°
Folio Caisse n° Carnet n°	Folio Caisse n° Carnet n°
Vente du	Vente du
Rendu ou échange du	Rendu ou échange du
Nom et adresse de l'acheteur :	Nom et adresse de l'acheteur :
Objet :	Objet :
Prix.	Prix. . . . .
Taxe remboursée :	Taxe remboursée :

NOUVELLES TAXES FISCALES

TIMBRES MOBILES

Pour TOUS PAIEMENTS

Sauf de Commerçant à Commerçant

PAIEMENTS	TIMBRES	PAIEMENTS	TIMBRES
100 fr.	**0.20**	9.000 fr.	**18**
200 »	**0.40**	10.000 »	**20**
300 »	**0.60**	11.000 »	**22**
400 »	**0.80**	12.000 »	**24**
500 »	**1** »	13.000 »	**26**
600 »	**1.20**	14.000 »	**28**
700 »	**1.40**	15.000 »	**30**
800 »	**1.60**	16.000 »	**32**
900 »	**1.80**	17.000 »	**34**
1.000 »	**2** »	18.000 »	**36**
2.000 »	**4** »	19.000 »	**38**
3.000 »	**6** »	20.000 »	**40**
4.000 »	**8** »	30.000 »	**60**
5.000 »	**10** »	40.000 »	**80**
6.000 »	**12** »	50.000 »	**100**
7.000 »	**14** »	60.000 »	**120**
8.000 »	**16** »		

Il est créé pour l'acquittement de la taxe de 10 °/₀ les timbres mobiles représentant les valeurs suivantes :

0,10 — 0.20 — 0,30 — 0,40 — 0,50 — 0,60 — 0,70 — 0,80 — 0,90 — 1 — 2 — 3 — 4 — 5 — 6 — 7 — 8 — 9 — 10 — 20 — 30 — 40 — 50 — 100 — 200 — 300 — 400 — 500 — 1.000 — 3.000 — 4.000 — 5.000 francs.

TIMBRES MOBILES

Pour PAIEMENTS

De Commerçant à Commerçant

de	10 fr. 01	à	200 »	. . **0.10**
—	200 » 01	»	500 »	. . **0.20**
—	500 » 01	»	1.000 »	. . **0.30**
—	1.000 » 01	»	3.000 »	. . **0.40**
	Au-dessus de 3.000 fr.			. . . **0.50**

Les timbres mobiles sont apposés par les parties elles-mêmes ; ils sont immédiatement oblitérés à l'encre noire en travers du timbre par la signature du créancier ou de celui qui donne reçu, ainsi que de la date de l'oblitération. Cette signature peut être remplacée par une griffe apposée à l'encre grasse faisant connaître le nom ou la raison sociale du créancier, sa résidence et la date de l'oblitération du timbre.

Les Commerçants, pour s'affranchir de l'obligation d'apposer des timbres mobiles pourront déposer leurs imprimés à timbrer au bureau d'enregistrement de leur résidence et acquitter la taxe applicable aux dits imprimés.

Une remise de 2 °/₀ est accordée à titre de déchets.

Les contraventions sont punies d'une amende de 7,50 °/₀ avec minimum de **62,50**.

Il est attribué aux agents constatant les contraventions un dixième des sommes recouvrées.

La taxe est à la charge de la partie qui aura effectué le paiement ou le versement, mais le créancier doit veiller à ce qu'elle soit régulièrement acquittée sinon c'est lui qui, en cas de contravention est personnellement passible des pénalités prononcées par la loi et des frais de poursuite.

CE QU'IL FAUT SAVOIR

La vente ne constitue pas le fait générateur de l'impôt mais bien le paiement du prix.

Par conséquent, quand le prix est payé par acomptes, le versement du premier acompte n'entraîne pas nécessairement l'exigibilité immédiate de la taxe sur la totalité du prix. La taxe ne devient exigible qu'au fur et à mesure du versement des acomptes, et elle n'est dûe chaque fois que sur le montant de l'acómpte réellement versé.

Coupons. — La nouvelle taxe de **0.20** par **100** francs est dûe sur le bordereau même non signé écrit par un porteur de coupons et remis par lui au guichet d'une Compagnie pour obtenir son paiement dès lors que ce bordereau est accepté par la Compagnie et revêtue d'une estampille ou d'une mention d'acquit.

La taxe n'est pas dûe si le porteur de coupons étrangers demeure étranger à la confection du bordereau ; elle n'est pas applicable aux paiements de coupons effectués, coupons contre argent, sans création de titre libératoire.

Décharges. — La nouvelle taxe est dûe même sur les simples décharges **de sommes** telles que celles données aux dépositaires ou aux mandataires.

Les décharges de titres ou d'objets restent soumis au droit de timbre de **0.10**.

Intérêts. — Les intérêts de sommes dûes depuis le 1er Janvier 1918 sont seuls assujettis aux nouveaux timbres, ceux antérieurs en sont dispensés.

EFFETS de COMMERCE

Les effets de commerce doivent être timbrés a **0.20** pour **cent** francs ou fraction de **100** francs à l'exception de ceux qui sont souscrits en **renouvellement**, de ceux tirés de l'Étranger sur l'Étranger circulant en France, et de ceux souscrits en France sur l'Étranger et payables hors de France, qui restent soumis à l'ancienne législation.

(Art. 18 de la loi du 31 Décembre 1917.)

Jusqu'à	100 fr. . . .	**0.20**
de 100 fr. 01 à	200 fr. . . .	**0.40**
— 200 » 01 »	300 » . . .	**0.60**
— 300 » 01 »	400 » . . .	**0.80**
— 400 » 01 »	500 » . . .	**1 »**
— 500 » 01 »	600 » . . .	**1.20**
— 600 » 01 »	700 » . . .	**1.40**
— 700 » 01 »	800 » . . .	**1.60**
— 800 » 01 »	900 » . . .	**1.80**
— 900 » 01 »	1.000 » . . .	**2 »**

et ainsi de suite en ajoutant pour les sommes intermédiaires **0.20** par **cent** francs ou fraction de **100** francs.

Exemples :

de	1.000 fr. 01 à	1.100 fr. .	**2.20**
—	1.500 » 01 »	1.600 » .	**3.20**
—	2.000 » 01 »	2.100 » .	**4.20**
—	2.500 » 01 »	2.600 » .	**5.20**
—	3.000 » 01 »	3.100 » .	**6.20**
—	3.500 » 01 »	3.600 » .	**7.20**
—	4.000 » 01 »	4.100 » .	**8.20**
—	4.500 » 01 »	4.600 » .	**9.20**
—	5.000 » 01 »	5.100 » .	**10.20**

DE COMMERÇANT
à COMMERÇANT

dans l'exercice de leur commerce.

TOUS REÇUS :

Au-dessous de	10 fr.	Néant
de 10 fr. 01 à	200 fr. . .	**0.10**
— 200 fr. 01 à	500 fr. . .	**0.20**
— 500 fr. 01 à	1.000 fr. . .	**0.30**
— 1.000 fr. 01 à	3.000 fr. . .	**0.40**
Au-dessus de	3.000 fr. . .	**0.50**

Doivent être timbrés comme ci-dessus :

Reçus à l'encaissement
» de prélèvements sur comptes courants
» » de versements » » »
» délivrés par les bénéficiaires d'accréditifs.

Une taxe de **0.20** par **100** francs ou fraction de **100** francs sans addition de décime sera perçue sur tous les titres de quelque nature qu'ils soient, signés ou non signés, constatant des paiements ou des versements de sommes soit à des **commerçants pour une cause quelconque autre que l'exercice de leur commerce.**

Exemples :

Un papetier qui achète 700 francs de papeterie à un fabricant, paiera 0.30 de timbres.

Un fabricant de papeterie qui achète 700 fr. de vin, paiera 1.40 de timbres.

Les loyers commerciaux sont considérés comme des paiements civils.

CHÈQUES

Quelque soit le montant du chèque payable dans la même ville, le timbre est de **0.10**.

Lorsque le chèque est payable dans une ville autre que celle d'où il est daté, le timbre est de **0.20**.

Les chèques tirés de l'Étranger et payables en France doivent être timbrés à **0.20** avant tout endossement sous peine d'une amende de 6 %.

PAIEMENTS CIVILS

Comprenant tous paiements :

1° faits par des particuliers;

2° faits par des commerçants à des particuliers ou à d'autres commerçants pour une cause autre que l'exercice de leur commerce.

Les paiements de loyers, mêmes commerciaux, sont considérés comme des paiements civils.

Jusqu'à **10** francs			Néant
de	10 fr. 01 à	100 fr. . .	**0.20**
—	100 » 01 »	200 » . .	**0.40**
—	200 » 01 »	300 » . .	**0.60**
—	300 » 01 »	400 » . .	**0.80**
—	400 » 01 »	500 » . . .	**1** »
—	500 » 01 »	600 » . .	**1.20**
—	600 » 01 »	700 » . .	**1.40**
—	700 » 01 »	800 » . .	**1.60**
—	800 » 01 »	900 » . .	**1.80**
—	900 » 01 »	1.000 » . .	**2** »

et ainsi de suite en ajoutant 0.20 par cent francs ou fraction de **100** francs.

Un employé de commerce n'est pas commerçant ; il reçoit son salaire, le paiement tombe sous l'application de 0.20 par 100 francs.

De même, la taxe est dûe par le fonctionnaire qui touche son traitement.

Un commerçant est propriétaire des maisons qu'il loue; des loyers lui sont payés; bien qu'il soit commerçant, c'est la taxe des paiements civils qui lui est applicable parce que, s'il a reçu des loyers c'est pour une cause autre que l'exercice de son commerce.

Si une Compagnie d'assurances verse à un commerçant ou à un non commerçant le montant d'une indemnité de sinistre, le paiement est un paiement civil.

DE COMMERÇANT
à CONSOMMATEUR

ou toute personne ne devant pas faire usage pour l'exercice de son commerce des marchandises, denrées, fournitures et objets achetés.

TOUS REÇUS :

Au-dessous de **10** francs Néant

0.20 par **100** francs ou fraction de **100** francs.

de	10 fr.	01 fr.	à	100 fr.	**0.20**
—	100 »	01 »	»	200 »	**0.40**
—	200 »	01 »	»	300 »	**0.60**
—	300 »	01 »	»	400 »	**0.80**
—	400 »	01 »	»	500 »	**1** »
—	500 »	01 »	»	600 »	**1.20**
—	600 »	01 »	»	700 »	**1.40**
—	700 »	01 »	»	800 »	**1.60**

et ainsi de suite en ajoutant **0.20** par **cent** fr. ou fraction de **100** francs.

Au-dessous de 150 francs, la taxe n'est appliquée que lorsqu'il est délivré un reçu à l'acheteur.

A partir de **150** francs, la taxe est toujours applicable à l'acheteur, même s'il ne lui est remis aucun acquit.

La taxe doit se régler non d'après le prix de chaque objet séparément mais d'après la totalité du paiement.

EXEMPLES. — *Un client achète 10 mètres de tissu à* **18** *frs, total* **180** *francs, taxe dûe sur* **180** *francs même sans acquit.*

S'il achète seulement 5 mètres à **18** *francs sans demander de reçu, aucune taxe.*

Les marchandises importées sont soumises à la taxe ci-dessus **0.20** par **100** francs lorsqu'elles sont destinées aux consommateurs.

Sont exempts de cette taxe les paiements de livraisons à l'Étranger de marchandises fabriquées en France.

TAXE DE LUXE

Les articles imprimés en caractères gras dans cette nomenclature sont soumis à la taxe quel que soit leur prix à partir de un franc.

Sont classés comme étant de luxe et soumis à la taxe de 10 °/₀ les marchandises, denrées, fournitures ou objets quelconques énumérés dans cette nomenclature. Sont exempts de la taxe, tous les paiements ou dépenses inférieures à 1 franc quand il ne s'agit pas d'un acompte sur une plus forte somme.

La perception suivra les sommes de 1 franc en 1 franc et sans fraction. La taxe est perçue à la charge du client ou du consommateur par l'apposition de timbres spéciaux sur les quittances, les commerçants étant tenus d'enregistrer toutes les ventes sur un livre spécial agréé par l'Administration.

La taxe ne s'applique pas aux ventes faites à un commerçant sous réserve de justification pour les besoins de son commerce, mais ces ventes doivent être consignées sur ce livre spécial afin que le fisc puisse les affranchir après justification.

MARCHANDISES et OBJETS DE LUXE

Taxe **0.10** par franc et fraction de franc, à partir de **un franc.**

Un franc.							**0.10**
de	1	fr.	01	à	2	fr. . . .	**0.20**
—	2	»	01	»	3	» . . .	**0.30**
—	3	»	01	»	4	» . . .	**0.40**
—	4	»	01	»	5	» . . .	**0.50**
—	5	»	01	»	6	» . . .	**0.60**
—	6	»	01	»	7	» . . .	**0.70**
—	7	»	01	»	8	» . . .	**0.80**
—	8	»	01	»	9	» . . .	**0.90**
—	9	»	01	»	10	» . . .	**1 »**
—	10	»	01	»	11	» . . .	**1.10**
—	11	»	01	»	12	» . . .	**1.20**
—	12	»	01	»	13	» . . .	**1.30**
—	13	»	01	»	14	» . . .	**1.40**
—	14	»	01	»	15	» . . .	**1.50**
—	15	»	01	»	16	» . . .	**1.60**
—	16	»	01	»	17	» . . .	**1.70**
—	17	»	01	»	18	» . . .	**1.80**
—	18	»	01	»	19	» . . .	**1.90**
—	19	»	01	»	20	» . . .	**2 »**
—	20	»	01	»	21	» . . .	**2.10**
—	21	»	01	»	22	» . . .	**2.20**
—	22	»	01	»	23	» . . .	**2.30**
—	23	»	01	»	24	» . . .	**2.40**

et ainsi de suite en ajoutant **0 10** par franc ou fraction de franc, c'est ainsi que pour **45** francs la taxe sera de **4.50**, et pour **45.05** de **4.60**.

Voir pages suivantes : la nomenclature des marchandises, denrées, fournitures, objets quelconques soumis à la taxe de luxe.

TAXE DE LUXE

	Au-dessus de
Abat-jour	Frs 10
Agrandissement photographique. . .	40
Alcool de toilette, *le litre*.	15
Amazones.	1
Ameublements *(articles et accessoires d')* *Voir Meubles.*	10
Antiquités.	1
Animaux d'agrément, sauf chiens. . .	10
Apéritifs.	1
Appliques décoratives	50
Appliques d'éclairage	50
Aquarelles *voir page 16* *. . . .	1
Armurerie de chasse.	1
Articles de fantaisie en toutes matières.	10
Articles de fumeurs.	10
Articles d'orient.	10
Articles de Paris en toutes matières. .	10
Articles de piété.	10
Automobiles *servant au transport des personnes, leurs châssis, carrosserie.*	1
Bateaux plaisance *propul. mécan.*	1
Bicyclettes	250
Bijouterie d'argent.	10
Bijouterie doublée et imitation. . .	10
Bijouterie en matières non précieuses.	10
Bijouterie d'or et de platine. .	1
Billards et accessoires	1
Bonbons, *le kilo*.	8
Bonneterie de corps :	
Enfants.	20
Femmes	40
Hommes	40
Bonneterie de soie *pure ou mélangée.*	1
Broderies à la mécanique, *le mètre* . .	2
d° à la main, . . *d°*	10
Broderies à la mécanique, *à la pièce.*	6
d° à la main. . . *d°* .	30

Bronzes d'art.	Frs 1
Bronze imitation sujet.	10
Brosserie de toilette.	10
Bureaux *(articles de fantaisie pour)*	10
Cadres.	10
Cages.	10
Cannes	10
Canots plaisance *propulsion mécan.*	1
Carpettes.	100
Cartels.	100
Ceintures.	50
Céramique :	
Service table 12 couverts, environ 116 pièces.	200
Petites pièces isolées 2 ; moyennes .	5
Pièces moyennes.	5
Grosses pièces	15
Service à thé ou à café.	30
Petites pièces isolées 2 ; grosses pièces.	10
Service de toilette complet. . . .	30
Pièces isolées.	10
Chapeaux de femme.	40
Chapellerie pour hommes	20
Chasse *(articles de)*.	1
Chaussures, *la paire :*	
Enfants. 25 fr. . Femmes . . .	40
Hommes	50
Chauffage *(garniture de foyer)* . .	100
Chemiserie *(voir linge de corps).*	
Chevaux, poneys, ânes, mules, mulets de luxe (*).	1
Chiens d'agrément.	40
Chocolat, *le kilo*	8
Ciseaux	10
Collections *(tous objets de)*. . . .	1
Confection *voir vêtements.*	
Confiserie, *le kilo*.	8
Corsets	50
Coutellerie par article	10

(*) Les éleveurs n'ont pas à payer la taxe.

Couvertures et couvre-pieds. . . . Frs 100
Cravaches 10
Cristallerie :
Petits verres. 1 fr. 50; grands verres. 2
Pièces de toilette ou de bureau . . 10
Grosses pièces, carafes, pichets ou analogues 10
Curiosités. 1
Dentelles *(accessoires de vêtements)* . 10
Dentelles à la mécanique, *le mètre*. . 2
Dentelles à la main. . . *d°* 10
Dentelles à la mécanique, *la pièce*. . 6
Dentelles à la main. . . . *d°* 30
Dentifrice, *le litre* 15
Descente de lit ou foyer. 25
Dessins *voir page 16 **. 1
Dessus de lit. 80
Drap de lit, *le drap*. 60
Eaux de vie. 1
Édredons. 100
Essences, extraits parfumerie. . 1
Estampes. 100
Étagères *(objets d'ornement)*. . . 10
Éventails. 10
Face à main 30
Faïence *(voir Céramique)*. 1
Fards. 1
Ferronnerie d'art 1
Fleurs artificielles ou stérilisées, *l'achat*. 10
Fleurs naturelles, *l'achat* 10
Fourrures 100
Fusils de chasse 1
Ganterie, *la paire*. 8
Garniture de foyer 100
Gemmes naturelles 1
Gibier truffé. 1
Gibier vivant *chasse, repeuplement*. . 1
Glaces encadrées 100
Gravures 100
Guêtres et Jambières, *la paire* . . . 30

Harmoniums. . . . . Frs	1.200
Harnachement de chevaux de selle	1
Harnais complet pour voiture. . . .	600
Pièce isolée.	150
Horloges.	100
Jeux *(Instruments de)*.	25
Joaillerie fine.	1
Jouet	20
Jumelles	30
Lampes	50
Librairie éditions d'art *sur papier spécial à tirage limité.*	1
Linge de maison : le drap.	60
La taie.	10
La nappe, *le mètre carré*	15
Serviette de table ou de toilette. . .	4
Tous autres articles.	4
Linge de corps :	
Enfants.	20
Femmes.	40
Hommes.	40
Accessoires de lingerie	10
Lingerie de soie, *pure ou mélangée.*	1
Liqueurs.	1
Livrées	1
Lorgnettes.	30
Lustres.	100
Malles	100
Maroquinerie	25
Meubles :	
De chambre à coucher, de salon, de salle à manger, de cabinet de travail, par ensemble et pour chaque pièce.	1.500
Par pièce : la petite; 100 la moyenne.	250
» » . la grosse.	500
Miroirs	20
Montres en or ou en platine . . .	1
Montres autres qu'en or et en platine.	50
Motocyclettes side cars, cycles cars, et similaires.	2.000

Mouchoirs, *la douzaine*	Frs 18
Musique *(instruments)* autres que piano, phonographes, gramophones, pianos mécaniques et tous accessoires	150
Œuvres d'art, reproductions	100
Orfèvrerie or, argent ou platine.	1
Orfèvrerie métal commun dorée, argentée ou non sauf couverts de table, *la pièce.*	15
Ombrelles	25
Parapluies et Parasols	25
Parfums.	1
Passementerie, *le mètre*	5
Pastels *voir page 16 **	1
Pâtés truffés.	1
Pêche *(instruments de)*	10
Peignes	10
Peignoirs	80
Peintures *voir page 16 **	1
Pelleteries	50
Pendules	100
Pendules de bureau et de voyage	20
Perles fines	1
Photographie *(agrandissement) la pièce.*	40
Photographie (appareils) accessoires et objectifs	1
Photographies d'art	100
Photographies *(portraits) la douzaine.*	40
Pianos *autres que les pianos droits.*	1
Pianos droits	1.200
Pierres précieuses	1
Plafonniers	100
Plantes, serres ou appartement, *l'achat.*	10
Plumes *(parures en)*	25
Plumes de parure	10
Porcelaine *(voir Céramique).*	
Pyjamas	80
Reliure, *par volume :*	
in-8° ou plus petits formats	10
in-f° in-4° ou plus petits formats	20
Reproductions d'œuvres d'art	100

Réveil matin	Frs 20
Rideaux de lits :	
Encadrements de lits, portes, fenêtres par rideau ou encadrement	100
Portière double	100
Portière simple	60
Par décoration de lit	50
Rideaux de vitrage et brise-bise, *la paire*	30
Robes de chambre	80
Rubans, *le mètre*	5
Sacs de dames	40
Sacs de voyage	75
Savons, *la pièce*	2
Sculptures *voir page 16 **	1
Sellerie harnais complet pour voiture	600
Harnais pièce isolée	150
Serrurerie d'art	1
Serviettes de table ou de toilette	4
Sport *(instruments de)*	25
Stores de vitrage ou de fenêtre	50
Suspensions	100
Tableaux de peinture *voir page 16 **	1
Tapis : Carpettes	100
Descente de lit ou foyer	25
Tapis cloué, le mètre, $1^{m} \times 0^{m}70$	20
Tapis cloué, largeur supér^{re}, *le mètre*	25
Tapis d'orient	1
Tapisseries anciennes ou modernes *laine ou soie, tissées métier ou main*	1
Tapis de savonnerie	1
Tapis de table	80
Tentures murales toutes natures, *mètre car.*	5
Tissu ameublement, *mètre carré*	20
Tissu pour vêtement, *le mètre carré*	20
Toilette *(objets de)*	10
Truffes	1
Valises	75
Verrerie *(voir Cristallerie)*	
Vetements *(access.)* hommes, femmes	10
Peignoirs, Pyjamas, Robes de chambre	80

Vêtements de femmes :	
Corsages 80. . . . . . Jupes. .	Frs 100
Costumes ou manteaux de fillettes. .	150
Costumes ou manteaux de dames . .	250
Vêtements d'hommes.	
Costumes complets ou pardessus.	
Enfants 80. . . . . . Garçonnets.	125
Homme *(habit, redingote, jaquette).*	200
Complet veston	175
Gilet : 25 . Pantalon 50. Veston. .	100
Habit et Jaquette.	125
Redingote 125 . . Smoking. . .	125
Vêtements de vénerie.	1
Vins : En bouteilles	5
» En fûts par litre.	3
Vins de liqueurs.	1
Volailles truffées.	1
Voitures à chevaux pr le service particul.	1.000
Volières.	10
Yachts.	1

* *Sauf les œuvres originales vendues directement par l'auteur.*

Bien que cette brochure ait été rédigée et composée avec le plus grand soin d'après des documents officiels, l'Editeur décline toute responsabilité pour les erreurs ou omissions qui auraient pu se produire.

Il fait appel à toutes les suggestions et critiques que le public voudra bien lui adresser et en tiendra compte à la prochaine édition.

EXTRAIT de la LOI du 31 DECEMBRE 1917.

« Art. 20. — Sont seuls exemptés de la taxe de 20 centimes par 100 fr. et continuent d'être soumis, chacun en ce qui le concerne, aux droits de timbres en vigueur :

« 1° Les titres constatant l'extinction d'une dette par voie de compensation légale ou de confusion ;

« 2° Les acquits inscrits sur les cheques ainsi que sur les lettres de change, billets à ordre et autres effets de commerce assujettis au droit proportionnel de timbre ;

« 3° Le renouvellement des lettres de change, billets à ordre et autres effets de commerce, qui reste soumis aux droits établis par l'art. 1er de la loi du 5 juin 1850 ;

« 4° Les quittances ou reçus de 10 fr. et au-dessous, quand il ne s'agit pas d'un acompte ou d'une quittance finale sur une plus forte somme ;

« 5° Les quittances énumérées dans l'art. 20, 3e et 4e paragraphes, de la loi du 23 août 1871 ;

6° Les reçus délivrés par les banques aux clients titulaires de comptes de dépôts, ainsi que les reçus donnés par lesdits titulaires, lorsqu'ils ont exclusivement pour objet de constater les versements ou les retraits effectués par les clients au crédit ou au débit de leur propre compte.

« 7e. Les quittances ou reçus de sommes déposées ou consignées chez des officiers publics ou ministériels, en leur dite qualité lorsqu'elles n'opèrent pas vis-à-vis des tiers la libération des déposants et les décharges que donnent les déposants ou leurs ayants cause auxdits officiers publics ou ministériels, lorsque la remise des sommes consignées ou déposées est faite. »

« Art. 21. — Le droit prévu à l'article 19 est dû pour chaque reçu, décharge, quittance ou acte constatant un paiement. Il peut être acquitté par l'apposition de timbres mobiles dont les conditions d'emploi seront déterminées par un règlement d'administration publique.

« Les dispositions des articles 20 et 21 la de loi du 11 juin 1859 sont applicables aux titres sur lesquels les timbres mobiles auront été apposés. Une remise de 2 p. 100 sur le timbre est accordée à titre de déchet à ceux qui feront timbrer préalablement leurs formules de quittances ou décharges de sommes. »

EXTRAIT du DECRET du 29 Mars 1918.

Article premier. — La taxe établie sur les titres constatant des payements ou des versements de sommes soit à des non commerçants pour une cause quelconque, soit à des commerçants pour une cause autre que l'exercice de leur commerce est acquittée au moyen de l'apposition de timbres mobiles sur les titres de quelque nature qu'ils soient, signés ou non signés.

Art. 3. — Les ordonnances, taxes, exécutoires et généralement tous mandats payables sur les caisses publiques, les bordereaux, quittances, reçus ou autres pièces peuvent être revêtus du timbre mobile par les agents chargés du payement. Le timbre est oblitéré au moyen d'une griffe par ces agents, qui demeurent responsables des contraventions commises à raison des pièces acquittées à leur caisse.

Les sociétés et compagnies, assureurs, entrepreneurs de transports et tous autres assujettis aux vérifications des agents de l'enregistrement, peuvent également, sous leur responsabilité, user de la même faculté, en ce qui concerne les actions, obligations, dividendes et intérêts payables au porteur, les rentes sur l'étranger, ainsi que toutes autres pièces de dépenses, états de solde et d'émargement.

Art. 5. — Les comptables de deniers publics, les agents spéciaux des services administratifs régis par économie, les trésoriers des corps de troupe et les sociétés, assureurs, entrepreneurs de transports et autres personnes assujetties par les lois en vigueur à la communication des documents énumérés dans les articles 22, de la loi du 23 août 1871, et 7, de la loi du 21 juin 1875, sont autorisés à acquitter les taxes exigibles sur les états dits d'émargement, les registres de factage et de camionnage et autres documents constatant les payements ou versements de sommes effectuées par eux, en opposant eux-mêmes sur ces états, registres et documents des timbres mobiles établis à l'article premier du présent décret, représentant une somme égale au montant des taxes dues pour les payements et versements constatés sur une même feuille et opérés durant une même journée.

Dans ce cas, les timbres mobiles sont oblitérés par les comptables de deniers publics ou autres personnes désignées au paragraphe qui précède.

Les personnes qui, sans être assujetties par la loi aux communications prévues, prennent l'engagement de s'y soumettre, peuvent être autorisées par l'administration de l'enregistrement à user du bénéfice des deux paragraphes qui précèdent. Cette autorisation peut toujours être retirée.

Art. 6. — Tout commerçant qui reçoit des payements supérieurs à 150 francs à raison de la vente au détail ou à la consommation de marchandises, denrées, fournitures ou objets quelconques, tient un livre spécial destiné à recevoir l'inscription de tous les payements passibles de la taxe de 20 centimes par 100 francs ou fraction de 100 francs instituée par l'article 23 de la loi du 31 décembre 1917.

Art. 7. — Le livre spécial prévu à l'article précédent peut être tenu soit sous la forme du modèle n° 1 annexé au présent décret, soit sous celle d'un carnet à souche conforme au modèle n° 2 également annexé.

Tout changement dans le modèle en usage doit être soumis par le commerçant à l'agrément de l'administration.

Chaque livre ou carnet doit être numéroté en série et, en cas de pluralité de caisses dans l'établissement, doit se référer à une seule d'entre elles.

Chaque opération à inscrire sur le livre ou sur le carnet comporte, sous une série ininterrompue de numéros les indications suivantes qui, s'il est fait usage de carnets, doivent être reproduites sur la souche et sur le volant :

1° Numéro d'ordre ;

2° Date du payement ;

3° Désignation sommaire des articles qui, par leur prix, comportent le payement de la taxe

4° Prix desdits articles ;

5° Taxe perçue.

Art. 8. — Si le commerçant accepte de reprendre ou d'échanger les objets vendus les mentions ci-dessus sont complétées par les suivantes :

6° Nom et adresse de l'acheteur ;

7° Désignation sommaire des articles rendus ou échangés ;

8° Date à laquelle l'objet est rendu ou échangé ;

9° Taxe remboursée.

Le commerçant peut également, s'il le préfère et en prévenant l'administration, inscrire les opérations portant sur la reprise ou l'échange des objets sur des livres ou carnets distincts, dits n° 2, et conformes au modèle ci-annexé (modèle n° 3).

Ces livres spéciaux et carnets n° 2, doivent être numérotés en série et se référer à la caisse qui a effectué les opérations inscrites au livre ou carnet n° 1.

Les indications suivantes doivent figurer sur le livre spécial n° 2 et dans le cas de carnet n° 2, sur la souche et sur le volant :

1° Numéro d'ordre ;

2° Date de la vente ;

3° Date à laquelle l'objet est rendu ou échangé ;

4° Nom et adresse du client ;

5° Désignation sommaire des articles rendus ou échangés ;

6° Prix desdits articles ;

7° Taxe remboursée.

Art. 9. — L'administration de l'enregistrement peut, sur demande des intéressés, les autoriser à adopter des livres spéciaux ou carnets à souche non conformes aux modèles ci-annexés, pourvu, néanmoins, qu'on y retrouve les mentions prévues aux articles 7 et 8 ci-dessus.

Toute modification au modèle ainsi autorisé doit faire l'objet d'une nouvelle autorisation.

Art. 10. — La taxe est acquittée au moyen de l'apposition simultanée, savoir :

1° De timbres mobiles sur le livre spécial ou sur les livres ou carnets à souche qui en tiennent lieu, en regard de l'inscription qui constate le payement ;

2° D'estampilles de contrôle sur l'écrit, signé ou non signé, qui est remis par le vendeur à l'acheteur.

Il est interdit de se servir isolément soit de l'estampille soit du timbre mobile.

Lorsqu'il n'est pas délivré de quittance, le timbre mobile et l'estampille de contrôle doivent être apposés simultanément sur le livre spécial.

Art. 11. — Les timbres mobiles et les estampilles de contrôle sont délivrées en même temps par l'administration de l'enregistrement.

A chaque timbre correspond une estampille portant indication de même valeur.

Art. 12. — Les timbres mobiles et les estampilles de contrôle sont immédiatement oblitérés par l'apposition à l'encre noire, en travers des timbres et des estampilles, de la signature du vendeur et de la date de l'oblitération.

Cette signature peut être remplacée par une griffe apposée à l'encre grasse, faisant connaître le nom ou la raison sociale du vendeur et la date de l'oblitération.

Art. 13. — Lorsque l'article vendu est rendu ou échangé, la taxe est remboursée par le vendeur à l'acheteur, puis restituée au vendeur par l'administration de l'enregistrement.

La restitution à effectuer au vendeur a lieu contre la remise à l'administration de l'enregistrement :

1° D'une déclaration par le vendeur établissant avec référence à la page du livre spécial ou du carnet à souche que la taxe a été effectivement remboursée ;

2° D'une déclaration de l'acheteur par laquelle celui-ci atteste sous sa signature l'exactitude des mentions prévues à l'article 8.

La déclaration est faite sur la quittance s'il en a été délivré une.

Pour donner droit à la restitution de la taxe, la reprise ou l'échange de l'objet doit avoir lieu dans le délai de deux mois.

Art. 14. — Les commerçants qui en font la déclatation à l'administration de l'enregistrement sont autorisés, jusqu'à avis contraire qui serait notifié trois mois à l'avance, à percevoir sous leur responsabilité, pour le compte du Trésor, la taxe exigible.

S'il est délivré une quittance, la perception de la taxe est constatée par l'apposition sur l'écrit libératoire d'un timbre mobile portant imprimé les mots : « Taxe payée en compte au Trésor. »

Au moment du payement la signature ou la griffe du commerçant doit être apposée sur ce timbre.

La quittance ainsi établie doit mentionner :

1° Le nom ou la raison sociale du vendeur, ainsi que son adresse ;

2° La date du payement ;

3° Le montant de la taxe perçue ;

4° Le numéro de la caisse qui a reçu le payement, si le commerçant utilise plusieurs caisses ;

5° Le numéro sous lequel l'article ou les articles vendus sont inscrits sur le livre spécial ou sur les livres ou carnets de recettes.

Art. 15. — Le commerçant autorisé à user de la faculté prévue à l'article précédent établit, à la date du dernier jour de chaque mois, un extrait du livre spécial ou des carnets à souche.

L'extrait fait connaître :

1° Le montant de la taxe perçue du premier au dernier jour du mois inclusivement ;

2° Le montant de la taxe remboursée pendant le même laps de temps, à raison des objets rendus ou échangés dont il est justifié ;

3° La balance entre la taxe perçue et la taxe remboursée.

L'extrait est certifié par le commerçant.

Art. 16. — L'extrait est déposé, dans les dix premiers jours de chaque mois, au bureau de l'enregistrement de la résidence du commerçant.

A Paris et dans les villes où il existe plusieurs bureaux d'enregistrement, le dépôt de l'extrait est effectué dans le ou les bureaux spécialement désignés à cet effet par l'administration de l'enregistrement.

Le dépôt est accompagné du versement de la taxe perçue d'après les indications de l'extrait, sous la déduction de la taxe applicable aux objets rendus ou échangés.

Si, au cours du mois, aucune inscription ne figure sur le livre spécial ou sur les livres ou carnets de recettes qui en tiennent lieu, l'extrait qui doit être remis au bureau de l'enregistrement porte la mention : « Néant. »

Art. 17. — Si, par suite des vérifications, opérées ultérieurement par le commerçant, des erreurs ou omissions sont constatées, la taxe se rapportant à ces erreurs ou omissions fait l'objet d'un état spécial et détaillé indiquant les différences en plus, ou en moins. Cet état est déposé au bureau de l'enregistrement en même temps que l'extrait s'appliquant au mois pendant lequel les erreurs ou omissions ont été reconnues.

Art. 18. — Le commerçant qui possède indépendamment d'un établissement principal, une ou plusieurs agences ou succursales doit y tenir, pour recevoir l'inscription des payements effectués à l'agence ou à la succursale et passibles de la taxe, soit le livre spécial prévu aux articles 7 et 8, soit les carnets à souche.

Chaque agence ou succursale doit, en outre, effectuer, à l'époque indiquée à l'article 17 la production des extraits prévus à l'article 16, accompagnée, s'il y a lieu, du versement de la taxe.

Art. 19. — Le livre spécial prévu aux articles 7 et 8 et les carnets à souche sont, à toute réquisition, représentés aux préposés de l'administration de l'enregistrement pour leur permettre de s'assurer de l'exacte application des dispositions de la loi et du présent décret.

A cet effet, les documents susvisés sont conservés pendant deux ans.

Art. 20. — Sont inscrits sur le livre spécial prévu aux articles 6, 7 et 8 ci-dessus :

1° Tous les payements de marchandises, denrées, fournitures ou objets quelconques, offerts au détail ou à la consommation, sous quelque forme ou dans quelque condition que ce soit, et classés comme étant de luxe;

2° Toutes les dépenses afférentes au logement ou à la consommation sur place de boissons et denrées alimentaires quelconques dans un établissement classé comme établissement de luxe.

En ce qui touche les payements afférents à des dépenses concernant le logement ou la consommation sur place de boissons et denrées alimentaires, les mentions inscrites sous les nos 3 et 4 de l'article 7 et le n° 5 de l'article 14 sont remplacées par des indications appropriées à la nature des opérations commerciales effectuées dans l'établissement.

Art. 22. — Sont applicables à la taxe de 10 p. 100, instituée par les articles 27 et 28 de la loi du 31 décembre 1917, les dispositions des articles 10 à 19 du présent décret.

Art. 23. — La quittance que le vendeur non commerçant doit délivrer aux termes de l'article 27, paragraphe 4, de la loi à raison de la vente de marchandises, denrées, fournitures ou objets quelconques offerts au détail ou à la consommation et classés comme objets de luxe doit supporter la taxe de 10 p. 100, qui la frappe également, au moyen de l'apposition de timbres mobiles.

Art. 24. — Le commerçant qui achète pour les revendre à un non-commerçant ou à un commerçant même vendant au détail ou à la consommation des marchandises, denrées, fournitures ou objets quelconques doit acquitter la taxe, à moins qu'il ne produise au vendeur un écrit revêtu de sa signature faisant connaître ses noms, prénoms et adresse et attestant sous la responsabilité du déclarant :

1° Qu'il est soumis à l'impôt établi par les articles 2 à 12 de la loi du 31 juillet 1917, sur les bénéfices des professions commerciales et industrielles, ou qu'il se trouve dans l'un des cas d'exonération prévus à l'article 13 de ladite loi;

2° Qu'il achète pour son propre compte;

Cette disposition n'est pas applicable aux commissionnaires ou aux courtiers inscrits au rôle de la contribution sur les bénéfices des professions commerciales ou industrielles et qui, sous une forme qui sera arrêtée par le ministre des Finances, établiront que les marchandises achetées sont destinées à un commerçant;

3° Que les marchandises achetées sont destinées à être vendues, transformées ou non, et doivent supporter à ce moment la taxe.

L'attestation porte le nom et l'adresse de l'acheteur ainsi que sa signature.

Cette exemption n'est pas applicable aux achats faits dans les ventes publiques qui sont soumises en vertu de l'article 27, troisième paragraphe, de la loi du 31 décembre 1917, à un droit d'enregistrement de 10 p. 100.

Art. 25. — Les payements afférents aux marchandises, denrées, fournitures ou objets quelconques vendus à un commerçant, dans les conditions prévues à l'article précédent, sont inscrits soit au livre spécial, soit au carnet à souche sur lequel doivent figurer les ventes aux termes des articles 7 et 8 du présent décret.

L'inscription est émargée d'une mention ainsi conçue :

« Exemption. Vente à un commerçant. Quittance ou autre pièce. »

La quittance à délivrer par le vendeur non commerçant, en vertu de l'article 27, 4e paragraphe de la loi du 31 décembre 1917, doit, lorsqu'elle est remise à un commerçant qui achète en vue de la revente, reproduire les mentions prévues à l'article 24 ci dessus.

Art. 26. — Les quittances et autres pièces sont conservées par les commerçants pendant deux ans, pour être représentées, à toute réquisition, aux préposés de l'administration de l'enregistrement.

Art. 27. — L'administration de l'enregistrement, des domaines et du timbre fera déposer aux greffes des cours et tribunaux des spécimens des timbres mobiles, des estampilles de contrôle, et des empreintes de timbre, créés par le présent décret. Il sera dressé sans frais, un procès-verbal de chaque dépôt.

Fait à Paris, le 29 mars 1918.

R. POINCARÉ.

Pour le Président de la République :
Le ministre des Finances,
L.-L. KLOTZ.

GEORGES DREYFUS. — PARIS.

Modèle de livre spécial annexé au règlement d'administration public du 29 mars 1918.

NUMÉROS d'ordre 1	DATE du paiement 2	DÉSIGNATION sommaire des articles 3	PRIX des articles 4		TAXE PERÇUE 5				NOM et adresse de l'acheteur 6	DÉSIGNATION sommaire des articles rendus ou échangés 7	DATE du rendu ou de l'échange 8	TAXE remboursée 9	
					Taxe de 0.20 p. 100		Taxe de 10 p. 100						
			fr.	c.	fr.	c.	fr.	c.				fr.	c.

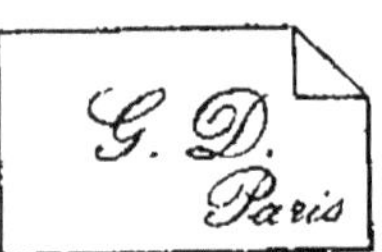

Imprimerie Pratique
65, Faubourg Poissonnière, Paris.

Déposé

www.ingramcontent.com/pod-product-compliance
Ingram Content Group UK Ltd.
Pitfield, Milton Keynes, MK11 3LW, UK
UKHW022148260726
13993UKWH00005B/2227

9 782329 091327